COMITÉ CATHOLIQUE DU LOIRET

PÈLERINAGE D'ORLÉANS A NOTRE-DAME DE CHARTRES

ALLOCUTION

PRONONCÉE

DANS L'ÉGLISE DE NOTRE-DAME-DE-RECOUVRANCE

A l'occasion de la Bénédiction de la Bannière des Pèlerins

LE LUNDI 26 MAI 1873

PAR M. L'ABBÉ BAUNARD

CHANOINE HONORAIRE, AUMÔNIER DE L'ÉCOLE NORMALE

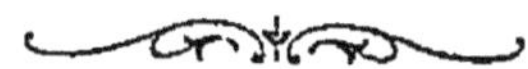

ORLÉANS

IMPRIMERIE DE GEORGES JACOB

4, CLOÎTRE SAINT-ÉTIENNE, 4

1873

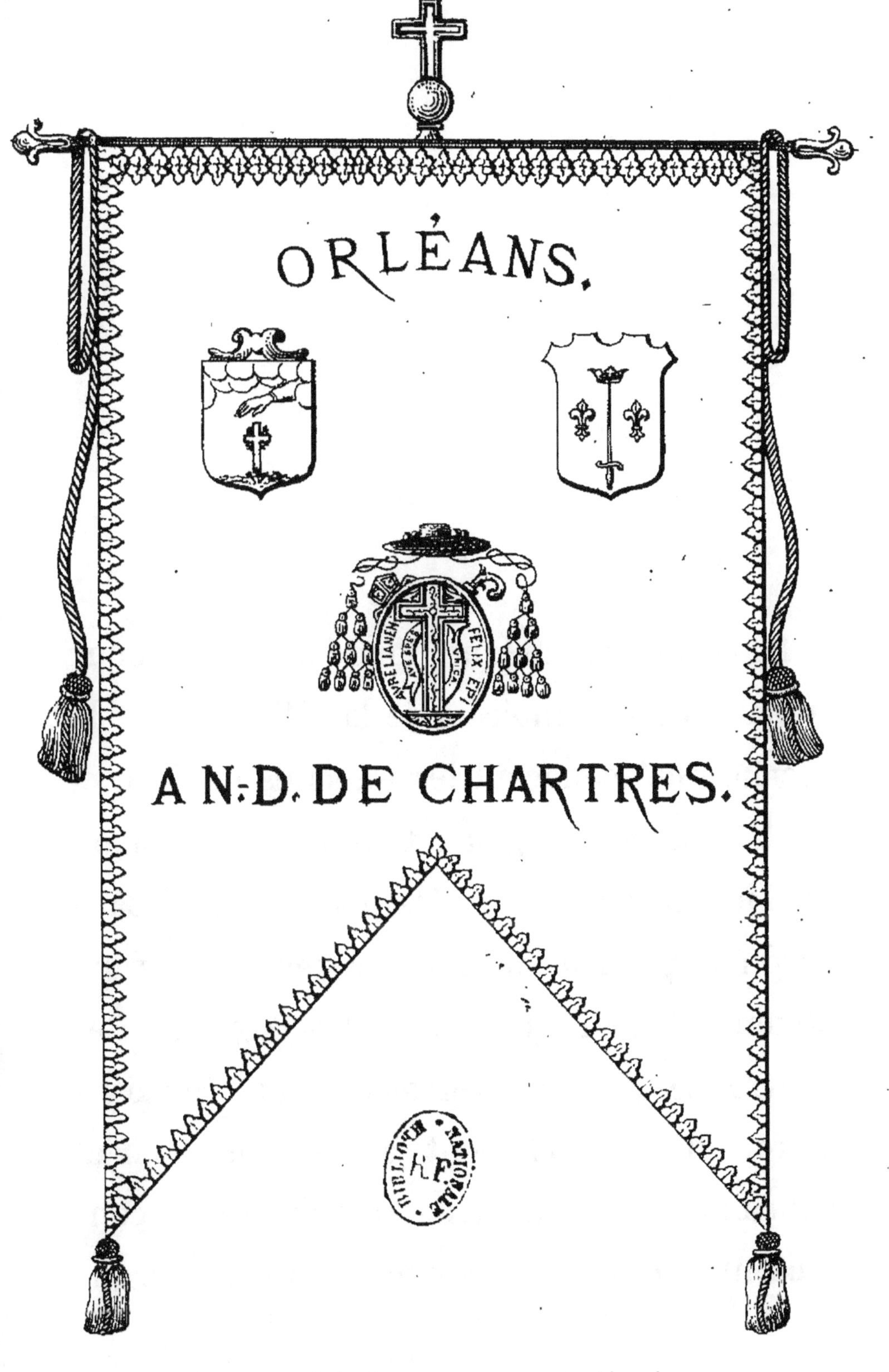

Le revers de la Bannière porte cette légende:

BANNIERE OFFERTE PAR LES PÉLERINS D'ORLÉANS.

Le Comité catholique, fondé à Orléans pour le maintien des intérêts de la religion et de la société que menacent les ennemis de Dieu et de la France, ne pouvait oublier les remarquables paroles adressées par M. l'abbé Baunard aux pèlerins de Chartres réunis en grand nombre dans l'église de Notre-Dame-de-Recouvrance pour la bénédiction de leur bannière. Il a noblement et courageusement exprimé les sentiments qui animent et conduisent le Comité catholique. Il veut donc que cette œuvre de foi et de patriotisme paraisse sous ses auspices. Il remercie M. l'abbé Baunard d'avoir bien voulu lui donner cette occasion d'affirmer une fois de plus son dévoûment à la bonne cause.

ALLOCUTION

PRONONCÉE

DANS L'ÉGLISE DE NOTRE-DAME-DE-RECOUVRANCE

à l'occasion

DE LA BÉNÉDICTION DE LA BANNIÈRE DES PÈLERINS

LE LUNDI 26 MAI 1873.

———◇◇———

MES FRÈRES,

Ce n'est pas un acte de dévotion ordinaire que vous êtes venus inaugurer ici ; c'est un grand acte de foi national, unanime, qui emprunte à la crise que nous traversons une importance souveraine.

Et quel temps, mes frères, quelle crise décisive! C'est d'un côté tout le mal et de l'autre tout le bien, c'est le néant et l'être, c'est la destruction et la conservation, c'est le chaos et l'ordre qui semblent engager leur dernière bataille. Les deux armées étaient depuis longtemps en présence ; elles viennent aujourd'hui de lever chacune leur bannière, afin que le monde les reconnaisse, les compare et les juge.

La bannière de l'erreur radicale, oppressive, vous l'avez vue naguère arborer sa couleur d'incendie et de sang sur des ruines fumantes, et promener partout la terreur dans ses plis. N'était-il pas temps que l'étendard de la foi apparût à son tour pour présenter un signe de salut et de vie? C'est l'étendard de la croix; c'est le signe de Marie. Vous en avez fait le vôtre En ces grandes journées vous lui avez demandé de déployer devant vos pas ses virginales couleurs, dans ces combats de la prière où vous allez marcher, et où Dieu même consent à être le vaincu de l'homme. Vous avez voulu ce soir commencer par le placer aux pieds de votre Reine; et accourant en foule faire votre veillée d'armes en présence de cet autel, vous demandez à la religion de bénir à la fois l'armée et le drapeau. Qu'elle le bénisse donc, ce drapeau qu'enfle déjà un souffle d'espérance! Que demain vos mains l'emportent, que vos rangs lui fassent cortége, que vos cantiques l'accompagnent de Notre-Dame-de-Recouvrance à Notre-Dame de Chartres, de l'église qu'a bâtie la reconnaissance de la France sauvée par Jeanne d'Arc à l'église où la France, non moins agitée qu'alors, espère reconquérir le salut par d'autres armes : celles de la prière et de la communion.

Je voudrais vous montrer qu'il ne nous en reste plus d'autres, qu'il n'en est pas de plus fortes; et que, si nous n'avons plus rien à espérer des hommes, la prière nous permet de tout attendre de Dieu.

Non, les hommes ne peuvent rien pour le salut public ; et lorsque, examinant les divers groupes qu'ils forment, je vais de l'un à l'autre, et leur demande de nous sauver, que me répondent-ils ?

Il y a d'abord *ceux qui regardent*. Et qui ne les connaît, ces contemplateurs inertes qui regardent toujours, qui comprennent rarement, et qui n'agissent jamais ? Ils regardent quand l'armée toujours renaissante du mal, compacte, disciplinée, va déposer dans l'urne de leurs destinées ce qui sera peut-être demain leur arrêt de mort. Ils regardent quand le théâtre livre à la dérision ce qu'il y a de plus sacré au foyer et à l'autel, faisant crouler sous le mépris les bases indispensables de toute vie morale. Ils regardent, et cette fois plus attentivement, le journal qui leur apporte les oscillations perpétuelles de l'opinion ou de la fortune publique. Ils regardent l'État qui tremble, la société qui sombre, leur pays qui descend, leur Église qu'on trahit, leur foi qu'on persécute, leurs enfants dont on prend l'âme, leur vie qu'on découronne de son immortalité. L'abîme s'ouvre sous leurs pas ; ils le regardent un instant, puis, détournant la tête, ils s'endorment sur le bord. Rien ne les y réveillera, si ce n'est le tonnerre des justices de Dieu prêt à éclater sur leurs têtes... Voilà ceux qui regardent.

Il y en a d'autres, Dieu merci. Il y a *ceux qui combattent ;* et il faut les en féliciter, car leurs combats sont bons. Combats de plume ou d'épée, combats de parole ou d'action, le camp de la vérité en a soutenu de magnifiques, et les soldats de Dieu se sont encore une fois préparé une belle page dans l'histoire de ce siècle. Ah ! si dans les luttes humaines le triomphe était équitable, et si le succès était invariablement du côté du talent, de la générosité et surtout de la justice, nous n'aurions rien à craindre : l'avenir serait à nous. Mais qu'a-t-on fait ? A l'empire de la sagesse et de la vertu on a substitué la toute-puissance du nombre et celle des passions ; la force a prévalu de tous côtés sur le droit, la matière sur l'esprit ; et de si nobles efforts d'éloquence ou d'héroïsme, finalement, que résulte-t-il ? Hélas ! ce qui résulte de toute œuvre d'homme quand elle n'est que de l'homme. On s'est battu vaillamment, on a protesté énergiquement, on est mort généreusement... Mais le mal a passé ; le voilà qui s'avance et marche à son triomphe par dessus les ruines de tout ce qui fut grand et de tout ce qui est divin, comme cette femme dénaturée de l'histoire romaine, qui montait au Capitole en foulant sous son char le cadavre de son vieux père.

Eh bien ! s'il en est ainsi, et si telle est l'impuissance même des plus vaillants, où allons-nous, grand Dieu ? Les sauveurs, où sont-ils ?

Chrétiens, ils sont ici. Ils étaient hier à Lourdes ; ils seront demain à Chartres ; après-demain ils seront à Paray-le-Monial ; car, il faut qu'on le sache : au-dessus de ceux qui regardent, et avec ceux qui combattent, il y a *ceux qui prient* ; c'est la ressource suprême, parce que dans ces débats où il s'agit du salut, le dernier mot des choses n'est pas prononcé sur la terre : il ne l'est que dans le ciel.

Que Dieu fait bien ce qu'il fait ! Qu'il est bien toujours le même, et qu'il fait bon de ne mettre sa confiance qu'en lui ! Il est vrai que d'ordinaire il semble d'abord laisser le champ libre à la malice des hommes, et il lui permet de pousser jusqu'à l'extrême son œuvre de destruction. Tout tombe, tout est en poudre, tout est désespéré ; mais les heures désespérées sont les heures de Dieu. Dieu de la création, on dirait que sa toute-puissance n'est à l'aise que devant le néant ; Dieu de la résurrection, il semble qu'il mette sa gloire à vivifier des tombeaux ; et si sa justice permet que l'effort de l'homme soit vain, c'est que sa divine jalousie ne veut partager avec personne l'honneur de ces coups de sa droite. Quand donc il est constant que l'homme ne peut plus rien, c'est alors que Dieu se lève et montre qu'il peut tout, *exurgat Deus et dissipentur inimici ejus*. Il descend dans l'arène; ses ennemis disparaissent, et le monde, qui ne croyait plus, voit éclater une de ces surprises qui le forcent de tomber à genoux.

A cela le Seigneur ne met qu'une condition : c'est qu'on le prie. Quand une âme est tombée, il veut la prière de cette âme; quand un peuple est tombé, il veut la prière d'un peuple. *De profundis clamavi :* il veut que du fond de l'abîme un cri de détresse général, unanime, monte vers le ciel, ne fût-ce que pour constater qu'on a besoin de lui, qu'il est temps qu'il se donne la peine de nous sauver et la gloire de le faire seul. Que l'homme s'agite, qu'il remue des idées ou des armes, et qu'un grand bruit de discours retentisse dans le monde, qu'importe? Ce n'est pas ce bruit qui montera jusqu'à Dieu. Mais que des plus basses régions de la fortune et de l'âge, que de l'infirmité même, un petit son de voix se lève plaintif, imperceptible, la voix sortie du cœur plein de larmes d'une femme, la voix sortie du cœur plein d'innocence d'un enfant de la première communion : ce sera cette parole du cœur, secrète, silencieuse, qui percera le ciel, y dominera la voix de la foudre, et arrivant à Dieu, touchera son cœur de Père, désarmera la justice et fera descendre le pardon.

Voyez, en effet, ce que nous raconte l'Évangile de la tempête sur le lac. Notre-Seigneur dormait au fond de la barque sur le point d'être submergée ; et pendant ce temps-là, quel énorme tumulte ne se faisait pas autour de lui! Les éléments mugissaient, l'équipage s'agitait, les passagers criaient; rien de tout cela ne l'éveilla. Mais ce qui éveilla Jésus, ce fut une voix de prière : « *Salva nos, perimus!* Sauvez-nous, nous périssons! » Et depuis ce temps-là, dans tous les mauvais pas qu'a traversés cette barque, c'est elle, c'est la prière qui seule a réveillé Jésus-Christ qui dormait.

« Pourquoi donc craignez-vous, ô hommes de peu de foi? » Oui, nous sommes trop ces hommes dont la foi est petite ; et que ne puis-je vous le dire autant que je le pense? Nous ne sommes pas assez chrétiens ; nous ne croyons pas assez aux forces surnaturelles ; nous avons désappris l'Évangile, l'histoire et ces puissants réveils de la Providence, à chaque fois que la barque de l'Église chavirait et que le Sauveur dormait. Il dormait, mes frères, lorsque le monde était arien, que la France était barbare, que nos églises fumaient de l'incendie allumé par les hordes d'Attila. Et savez-vous, chrétiens, ce qui le réveilla alors? La prière d'une bergère qui s'appelait Geneviève, la prière d'un vieillard qui s'appelait Aignan, et qui, sur vos remparts, les yeux levés au ciel, appelait « le secours de Dieu. » Le Seigneur dormait aussi quand Rome, quand l'Église, quand la chrétienté entière voyait avec épouvante les galères turques sur le point d'entrer dans les eaux de l'Adriatique, et menacer encore une fois les rivages chrétiens. Et qu'est-ce qui le réveilla ? La prière de Pierre, la prière d'un pontife qui négociait avec Dieu la victoire de Lepante, et qui s'appelait saint Pie V. Enfin, plus près de nous, Jésus-Christ dormait aussi, et l'on croyait que c'était d'un sommeil de mort, lorsque le pape Pie VI expirait à Valence, que la France avait tourné ses armes contre le sein de sa mère, que l'Église nageait dans le sang. Et qu'est-ce qui le réveilla cette fois encore? Ah ! si ceux qui reposent ici sous ces dalles funèbres pouvaient élever la voix, vos pères, vos mères nous diraient quelles larmes, quelles prières ils versaient devant les reliques de nos saints défenseurs, dans ces nouvelles catacombes où Jésus-Christ était descendu avec eux, pour remonter ensuite commander aux flots et d'un mot faire taire la tempête déchaînée.

Eh bien ! ce qui fut sera ; et s'il n'y a plus rien

à attendre des hommes, je sens qu'on peut commencer à tout attendre de Dieu. Je ne sais quelle effusion de grâce, quelle sorte d'explosion de surnaturel se fait de toutes parts dans le monde ; Dieu vient, et on va à Dieu. Ce sera le caractère de la crise présente. Elle n'aura fait surgir ni une grande politique, ni une grande philosophie, ni une grande littérature. Elle aura fait surgir une grande prière ; et nous en aurons vu trois manifestations solennelles, publiques, qui m'apparaissent comme un triple gage de salut.

Je mets au premier rang la grande prière du cloître. Voix de la pénitence, voix des soupirs et des larmes, voix de la charité et de l'apostolat, voix du jour et de la nuit, sur quel point de ce pays ne s'élève-t-elle pas ? Sur quels lieux exposés aux foudres de la colère divine ces puissants paratonnerres ne se dressent-ils point pour détourner de nos têtes le châtiment de nos forfaits ? C'est l'armée régulière, c'est l'armée permanente de la prière que celle-là ; les légions infernales ne l'enfonceront pas.

Et ne dites pas, mes frères : Qu'est-ce qu'une poignée de femmes et de justes agenouillés, à côté de l'innombrable multitude des méchants ? Sans doute mille valent plus que dix dans l'arithmétique des hommes ; mais depuis Abraham intercédant pour Sodome, nous savons que dix justes sont plus forts que mille méchants dans la miséricorde des calculs de Dieu. Lorque la barbarie débordait sur l'Europe, et que le bélier des Lombards menaçait les murailles de Rome, le pape Grégoire-le-Grand disait que sa seule assurance était dans la prière des trois mille vierges recueillies des monastères ruinés de l'Italie. « Sans elles, écrivait-il, pas un de nous n'aurait pu subsister ici sous le glaive des Lombards (1). » La même garde virginale nous entoure et nous couvre encore. Et je vous le demande : jamais fut-elle plus nombreuse? jamais fut-elle plus fervente? Sous la menace constante de la proscription, sous le feu de la dérision ou de la persécution, au lendemain même des martyres, ne voyez-vous pas ses enrôlements devenir plus multipliés et plus généreux que jamais? Jamais le ciel a-t-il envoyé plus de légions d'anges à la terre ? Jamais Marie vit-elle sa famille plus fidèle? Jamais le cœur de Jésus fut-il enlacé par les cœurs de ses enfants d'une plus vive étreinte ?

Que ce soit là pour nous la puissance souveraine ;

(1) *Harum vero talis vita est, atque in tantis lacrymis et abstinentiâ districta, ut credamus quia, si ipsæ non essent, nullus nostrûm in hoc loco subsistere inter Longobardorum gladios potuisset.* (S. GREGOR. MAGNI, *Epist.*, lib. VII, épist. 26, édit. Bénéd., t. II, p. 872.)

l'ennemi le sent bien, car c'est toujours de ce côté que se dirigent ses premiers coups. Il faut que nous aussi, chrétiens, nous le comprenions, ne fût-ce que pour opposer à la haine perfide ou à l'inepte ignorance, qui nous demande de sacrifier ces auxiliaires divins, cette première vérité de l'histoire comme de la foi : à savoir qu'en ce monde et en face du ciel irrité, il y a quelque chose d'infiniment plus fort que les mains armées : ce sont les mains suppliantes ; qu'il y a un sang plus utilement versé que celui qui coule dans des luttes meurtrières : c'est celui qui se distille pour ainsi dire goutte à goutte dans l'immolation quotidienne de la mortification et de la pénitence. Voilà la grande sauvegarde, semblable à ce sacrifice perpétuel de propitiation auquel Jérusalem attachait son salut, et qu'on ne vit cesser au jour de la désolation que pour voir, bientôt après, la ville en ruines et le temple en cendres.

J'ai nommé le sang, mes frères ; c'est la seconde grande prière, la prière du martyre ; l'Église de nos jours en a retrouvé le trésor, et en recueillera le fruit.

Voyez ce qui se passe auprès de nous. Chrysostôme est chassé, comme autrefois, de l'Église dont il était le père ; Hilaire a dû prendre le chemin de l'exil, et l'apostasie la plus effrontée s'apprête à monter dans la chaire d'où descendait la doctrine la plus pure, la parole la plus fidèle au Vicaire du Christ. Hier, c'était notre tour ; c'était l'Église de France qui retrempait sa robe dans le sang de ses pontifes, de ses prêtres, de ses saints religieux, de ses jeunes lévites, joyeux de payer de ce beau prix la rançon de leurs frères. Nous savons que telle fut leur dernière prière, et vous avez pu lire les Actes de ces martyrs dignes de l'âge le plus héroïque de l'Église. Un de ces courageux captifs était à réciter tranquillement son office, quand un de ses sauvages gardiens, l'apostrophant d'un ton railleur : « Prie ton Dieu, lui dit-il, prie ton Dieu que les torpilles qui sont maintenant sous Paris ne fassent pas explosion. — C'est cè que je fais, » répondit le prêtre (1). Et il continua. Eh ! mon Dieu, les torpilles sont encore sous la société ; tout cela peut éclater d'un instant à l'autre. Qui donc l'empêchera ? La prière des martyrs ; car enfin leur intervention, maintenant qu'ils sont dans le ciel, serait-elle moins efficace que lorsqu'ils étaient dans les fers ? Non ; et si leurs sépulcres font des miracles ici-bas, quels miracles ne fera pas là-haut l'offrande sans cesse renouvelée de leur sacrifice ? « Vous travaillerez au sein de la joie inénarrable,

____

(1) Le P. Captier.

écrivait saint Pierre aux martyrs de son temps ; vous serez dans la gloire, et le prix de votre foi sera le salut des âmes (1). »

La troisième grande prière, ce sont les *pèlerinages*. Nous ne sommes plus, nous dit-on, au siècle des croisades. C'est vrai ; mais une croisade qui est toujours possible, c'est celle que nous voyons s'accomplir sous nos yeux, soulevant les multitudes et les précipitant vers les lieux où Marie a signalé autrefois la force de son bras. Que les timides tremblent, nous n'en tiendrons nul compte. Que les tièdes s'inquiètent de la manifestation publique de notre foi et de cet emploi hardi de la plus imprescriptible de nos libertés. Que les insensés appellent

---

(1) *Exultabitis lætitia inenarrabili et glorificata, reportantes finem fidei vestræ salutem animarum.* (I Epist. S. Petri.)

Un autre de nos martyrs, le P. Caubert, écrivait ces lignes prophétiques dans sa prison de Mazas, le 13 mai 1871 :

« J'ai la conviction que l'on verra bientôt tous les cœurs s'entendre et s'unir dans le même esprit de concorde et de charité. Sans doute ce sera un grand bonheur pour tous. Mais aussi nous avons besoin de demander avec instance cette grâce de Dieu ; car ce changement admirable dépend surtout de sa miséricorde infinie et de sa toute-puissance. Dieu n'est-il pas le maître des cœurs et notre père à tous ? J'avoue que, dans ma cellule de prisonnier, cette pensée me soutient et me console. » (*Actes de la captivité et de la mort des cinq Pères de la Compagnie de Jésus*, p. 97.)

nouveauté la dévotion séculaire des anciens chrétiens. Que les méchants s'irritent, et que, comme
les premiers insulteurs de Jésus-Christ, ils pren-
nent des pierres pour les jeter à ses serviteurs et
à ses servantes ; la grande expédition de la prière
publique est en marche, et ce n'est ni la violence
ni la dérision qui la pourront arrêter.

Elle repartira demain. Elle ira vers ce vieux
sanctuaire de Notre-Dame de Chartres, moins vé-
nérable encore par la majesté des siècles qu'elle a
vu passer, et celle de ses hautes lignes architectu-
rales, que par les souvenirs que vous y retrou-
verez. Vous y vénérerez le lieu où la maternité divine de Marie eut sa première révélation, au fond
de ces vieilles forêts que remplacent aujourd'hui des
moissons fertiles. Quel souvenir un tel lieu ne ré-
veille-t-il pas ? Quel espoir ne s'attache pas à ce
pèlerinage ? Ce sera la France chrétienne revenant
à son berceau, pour y rapprendre les cantiques de
sa pieuse enfance, et reposer sur le sein de sa
mère sa tête brûlante de fièvre et son cœur fris-
sonnant de terreurs mortelles. Et que si vous me
demandez ce qui a pu déterminer le choix de ce
lieu béni, et sur quoi nous fondons cette espérance de salut, je vous rappellerai comment déjà
une fois le salut nous est venu de là, et vous
comprendrez mieux comment du sein de malheurs

pareils nous espérons voir sortir un remède semblable.

Reportez-vous, chrétiens, par un regard rapide vers la France de l'année 1360, puis comparez les temps, les besoins, les personnes, et concluez vous-mêmes. Le roi Jean hors de France, le pouvoir entre des mains encore sans autorité, d'effroyables défaites sur des champs de bataille de lugubre souvenir, de grandes provinces arrachées du sein de la patrie, le pays en proie aux déchirements, la capitale au pouvoir d'une faction sanguinaire, l'assemblée des États généraux divisée, ses séances orageuses, l'insurrection maîtresse de l'Hôtel-de-Ville et du palais des rois, les premiers officiers de l'État massacrés ; — dans les provinces, d'un côté les bandes d'une jacquerie furieuse se ruant au pillage ; de l'autre l'ennemi, l'Anglais, s'avançant jusqu'au cœur du pays... Les voyez-vous, chrétiens, les lances d'Édouard, étinceler dans les vastes plaines de la Beauce ? Qui donc sauvera la France ? Son prince ne le peut pas, mais sa reine le fera : *Regnum Galliæ, Regnum Mariæ.* C'est elle dont le temple dresse au loin ces deux hautes flèches d'où partent ces nuages menaçants. C'est elle qui tout à coup déchaîne cet orage inouï qui renverse hommes et chevaux, et jette dans le cœur de l'Anglais une épouvante sacrée. Elle le secoue, elle le terrasse, comme ferait une mère aux prises avec l'homme qui viendrait tuer son fils. Édouard cède : était-il libre de résister? Il accorde la paix, en fait le vœu, en face de Notre-Dame de Chartres, la signe à Bretigny ; et quelque temps après, le règne de Charles-le-Sage inaugurait pour nous une ère de bonheur et de gloire (1).

La paix, la paix! C'est elle, ô Marie, que va vous demander encore notre pèlerinage: il y a si long-temps que nous ne l'avons plus! Obtenez-la pour nos esprits enivrés du poison de tant de mensonges impies. Obtenez-la pour nos cœurs où tant de passions ou féroces ou immondes se livrent d'affreuses luttes! Obtenez-la pour le pays qui vous demande de panser ses blessures saignantes. Obtenez-la pour l'Église qui navigue aujourd'hui entre de si terribles écueils. Obtenez-la pour les derniers

(1) « Le 6 de may, pendant que les traiteurs francois alloient et preschoient le dist Roy en son conseil, un tems, un effoudre et un orage si grant et si horrible descendit du ciel en l'ost du roy d'Angleterre, que il sembla bien proprement que le siècle dust finir, car il chéoit de l'air pierres si grosses que elles tuoient hommes et chevaux, et en furent les plus hardis tout ébahis. Adonc regarda le roy d'Angleterre devers l'eglise Nostre-Dame de Chartres, et se rendit et voua à Nostre-Dame devotement, et promit, si comme il dit et confessa depuis, que il s'accorderoit à la paix. » (*Chroniques* de FROISSART, édit. Buchon, vol. I, p. 432.)

jours du Pontife, si grand, si malheureux, qui en tient le gouvernail d'une main infaillible. « Que votre serviteur, s'il doit s'en aller, ne s'en aille qu'au sein de la paix que vous semblez lui promettre : *Nunc dimittis servum tuum Domine, secundum verbum tuum in pace.* — Et que les yeux du vieillard ne se ferment pas avant d'avoir vu le salut de votre peuple d'Israël : *Quia viderunt oculi mei salutare tuum.* »

Et maintenant, peuple de Dieu, garde sainte de Marie, armée de l'Église, partez ! Partez vers ce temple auguste où vous allez suspendre votre bannière comme un monument d'espérance, en attendant qu'elle soit un trophée de victoire. Partez vers ces autels où vous ont précédés les saints de tous les âges, où saint Bernard s'est agenouillé, où saint Louis a prié, où Louis XIII fut consolé, et allez y reprendre la trace de leurs vertus avec celle de leurs pas. Vous n'irez pas seuls. Vous serez, ô Marie, la première pèlerine ; vous y précéderez invisiblement les démarches de vos enfants ; vous leur ouvrirez votre maison ; vous les conduirez jusqu'au pied de l'autel, où la sainte communion renouvellera pour eux le mystère qui s'accomplit en vous une première fois, par l'Incarnation. Puis vous nous les rendrez consolés, fortifiés ; vous les ramènerez ici, ô Notre-Dame de

Chartres, qui êtes aussi Notre-Dame-de-Recouvrance, Notre-Dame de Saint-Paul, Notre-Dame de
Cléry, Notre-Dame des Aydes. Puis, quand l'heure
viendra du dernier pèlerinage, vous viendrez encore
nous prendre, et c'est votre main de mère qui nous
introduira dans le temple éternel.